Raphaël-Georges Lévy

Saine Monnaie et saines finances

Essai

Le code de la propriété intellectuelle du 1er juillet 1992 interdit en effet expressément la photocopie à usage collectif sans autorisation des ayants droit. Or, cette pratique s'est généralisée dans les établissements d'enseignement supérieur, provoquant une baisse brutale des achats de livres et de revues, au point que la possibilité même pour les auteurs de créer des œuvres nouvelles et de les faire éditer correctement est aujourd'hui menacée. En application de la loi du 11 mars 1957, il est interdit de reproduire intégralement ou partiellement le présent ouvrage, sur quelque support que ce soir, sans autorisation de l'Éditeur ou du Centre Français d'Exploitation du Droit de Copie , 20, rue Grands Augustins, 75006 Paris.

ISBN : 978-1983453465

10 9 8 7 6 5 4 3 2 1

Raphaël-Georges Lévy

Saine Monnaie et saines finances

Essai

Table de Matières

I. — LA SITUATION MONDIALE AU LENDEMAIN DE LA GUERRE. L'INFLATION

Le monde est en face de problèmes économiques et financiers d'un ordre de grandeur inconnu jusqu'à ce jour. Vainqueurs et vaincus, neutres et belligérants sont troublés jusque dans les fondements mêmes de leur existence par les questions angoissantes qui se posent au sujet de l'équilibre de leur budget. En même temps une crise industrielle et commerciale intense fait souffrir la plupart des pays, en sorte que l'humanité inquiète se retourne en tous sens, cherchant un remède à ses maux.

Il ne faut pas cependant croire que tout soit nouveau dans les phénomènes qui se déroulent sous nos yeux. Les crises économiques sont périodiques. Elles sont la rançon des périodes prospères qui reparaissent, elles aussi, à intervalles plus ou moins réguliers. Seulement, la grande guerre est venue ajouter un tel élément de trouble à ceux auxquels nous étions accoutumés, que nous avons infiniment plus de peine, à cette heure, à nous rendre compte de la portée des événements contemporains que lors d'aucune des crises précédentes.

Essayons cependant de comprendre et de résumer les faits du septennat tragique compris entre les deux dates 1914-1921. La guerre éclate. 20 millions d'hommes sont mobilisés ; l'ancien et le nouveau monde retentissent du fracas des batailles. La production agricole est ralentie ; l'industrie porte le plus clair de ses forces vers la fabrication d'armes, de munitions, d'engins de combat de tout genre, qui, loin de servir à produire et à enrichir les hommes, opèrent une formidable destruction de capitaux. En novembre 1918, la lutte est terminée. Les peuples respirent, comptent leurs morts, se remettent au travail. Il semble que de longues années seront nécessaires pour revenir aux chiffres de la production d'avant-guerre.

Aussi le même cri sort-il de toutes les poitrines : « produisons ! » On chante ce qu'on a appelé l'hymne à la production. Il semble impossible de dépasser, sous ce rapport, les besoins de l'humanité. Le retard n'est-il pas formidable ? Des milliers de fermes et d'usines n'ont-elles pas été détruites, des myriades de kilomètres carrés de terres fertiles condamnées à la stérilité et à la désolation ? L'Allemagne et l'Autriche bloquées pendant quatre ans, les régions dévastées de la France, de la Belgique, de l'Italie, de la Serbie n'ont-elles pas à refaire des approvisionnements qui vont exiger de longues années de travail ? D'ailleurs, les prix ne sont-ils pas là qui indiquent l'énormité des besoins et l'intensité de la demande ? Beaucoup de matières premières, de denrées alimentaires s'échangent à des cours qui représentent le double, le triple, le quadruple de ceux d'avant-guerre. Quelle excitation a la production ! Quelles perspectives de bénéfice pour ceux qui, se mettant énergiquement à la tâche, vont reconstituer les stocks de tout ce que les acheteurs réclament !

Ce n'est pas seulement l'industrie et l'agriculture qui sont ainsi stimulées. Les commerçants, ingénieux à satisfaire leurs clients, voient les demandes se multiplier. Il leur suffit de garder quelque temps des marchandises en magasin, pour que l'écoulement s'en opère à des prix en hausse, qui représentent non seulement le gain de l'intermédiaire, mais un profit additionnel, inespéré, qui résulte de l'ascension continue des cours.

Oui, mais le mouvement, pas plus qu'aucun de ceux qui se sont manifestés dans le même sens au cours de l'histoire, ne pouvait-être indéfini. D'une part, les besoins furent peu à peu satisfaits ; d'autre part, les demandes se ralentirent sous l'influence de divers facteurs : les États, qui avaient été, au cours des hostilités, d'insatiables consommateurs de toutes sortes d'objets, cessèrent leurs achats ; les particuliers, obligés de verser au fisc des impôts de plus en plus lourds pour subvenir aux charges léguées par la guerre, furent de moins en moins capables d'absorber tout ce qui leur était offert et de payer les prix qu'on leur demandait. Il en résulta d'abord l'arrêt de la hausse, puis la baisse d'un très grand nombre d'articles.

Ce bref résumé de l'évolution qui s'est rapidement accomplie aux yeux de l'univers surpris, suffit à expliquer les souffrances de l'heure présente. Mais la situation a été compliquée et obscurcie par un autre phénomène qui, lui aussi, avait déjà été l'accompagnement de précédentes guerres, mais qui n'avait jamais encore atteint les proportions que nous lui avons vu prendre au cours de celle-ci. Nous voulons parler de la création, par la plupart des belligérants, de papier-monnaie en quantités excessives et de la dépréciation qu'il a subie.

L'extraordinaire multiplication des billets d'Etat et de banque, à laquelle nous avons assisté, a bouleversé la situation monétaire et, du même coup, rendu bien plus difficiles les échanges internationaux. Les rapports de ces échanges avec la production indigène ont été simultanément influencés. A de certains moments, des observateurs superficiels ont cru pouvoir tirer du spectacle de certains courants ainsi créés des conclusions favorables au système qui se désigne communément du nom d'inflation : il consiste à créer du papier-monnaie, destiné à permettre à l'Etat de s'acquitter plus aisément, semble-t-il, vis-à-vis de ses créanciers que par tout autre moyen.

Ce n'est un mystère pour personne que la diffusion de cette théorie. Elle a été défendue à la tribune du Parlement français, et dans une partie de la presse. Elle reparait avec d'autant plus d'insistance que les difficultés financières sont plus grandes et que, dans sa formule simpliste, elle prend, aux yeux de la foule, des allures de panacée souveraine, seule capable de guérir les maux de l'heure présente.

En dépit de l'histoire, qui nous démontre, de la façon la plus saisissante, l'inanité de ces espérances et le danger mortel qu'implique l'adoption d'un pareil expédient, il semble que la génération actuelle ait oublié les enseignements « du passé ; . bien plus, elle ferme les yeux à ce qui se passe, en ce moment même, à quelques heures de nos frontières ; elle paraît ignorer les maux auxquels sont en proie les pays qui ont cru trouver leur salut dans le soi-disant remède qui a consommé leur ruine, ou qui menace de la provoquer.

Ne nous lassons donc pas de méditer les leçons du passé et les enseignements du présent ; tâchons d'épargner à la France de refaire les cruelles expériences de la Banque de Law sous la Régence, des assignats pendant la première révolution, des soviets qui submergent la malheureuse Russie sous le flot de centaines de milliards de roubles papier, et même de l'Allemagne, qui nous avait habitués à une politique économique raisonnable et qui glisse en ce moment sur la pente qui mène à l'abîme.

II. — LA VÉRITABLE NATURE DE LA MONNAIE

Une fois de plus, rappelons ce qu'est la monnaie. La méconnaissance de sa véritable nature est la source de la plupart des erreurs qui se répandent à son sujet. Elle n'est qu'un instrument des échanges. Le consentement universel de l'humanité a peu à peu éliminé de cette fonction des objets ou des matières qui l'avaient remplie au cours de périodes antérieures. Les vases d'airain et le bétail chez les anciens Grecs, les barres de sel dans le centre de l'Afrique, les pièces de cotonnade en Guinée, les paquets de tabac du Maryland, ont servi de monnaie. Il convient d'insister sur le fait que cette commune mesure des échanges avait, dans tous les cas, une valeur réelle et non pas fictive. Parmi les divers objets dont les peuples en question se servaient, ils en choisissaient un dont l'utilité leur semblait particulièrement grande et qu'ils adoptaient pour en faire l'étalon de la valeur : le prix de toute chose s'exprimait alors par l'équivalent d'une quantité déterminée de cette chose par rapport à l'unité prise comme type.

A l'heure actuelle, chez les peuples civilisés, c'est l'or qui a été accepté comme mesure de la valeur. Cet or a une valeur propre ; il est recherché en tant que métal rare et précieux, même en dehors de la fonction monétaire qu'il remplit. Combien le fait qu'il ace monopole ajoute-t-il à sa valeur propre ? C'est là un problème d'économie politique très délicat, mais que nous n'avons pas besoin de trancher pour résoudre la question qui nous occupe. Il suffit de constater le fait de l'accord à peu près universel qui s'est établi parmi les nations : d'après leurs lois monétaires, le dollar, la livre sterling, le mark, le franc, le florin, la couronne Scandinave, la couronne austro-hongroise, la livre égyptienne, la livre turque, le rouble lui-même sont un certain poids de métal jaune. Quelques législations, comme la nôtre, admettent avec force libératoire, à côté des pièces d'or, des pièces d'argent en quantité limitée. Ce n'est là qu'un détail ; nous le mentionnons pour mémoire. Le point à retenir est celui-ci : à la base de la conception monétaire moderne, se trouve un certain poids d'or.

La monnaie a donc un mérite intrinsèque. En mettant au creuset les pièces de vingt francs revêtues de l'effigie de la Semeuse de

Roty, nous ne diminuons pas la valeur qu'elles représentent, nous obtenons un lingot qui a la même vertu que les disques dont la fusion l'a créé et en lesquels il peut être retransformé à nouveau. Il a cette vertu à l'intérieur et au-delà des frontières ; la législation qui en fait l'élément constitutif par excellence de la monnaie, est à peu près universelle aujourd'hui.

Que dès lors les individus et les peuples cherchent à se procurer la plus grande quantité possible de cette monnaie d'or, cela est naturel. Elle est une véritable richesse. Nous nous abstiendrons de pénétrer plus avant dans l'analyse de la nature de la richesse constituée par les métaux précieux ; nous pourrions faire observer qu'elle en est une au second degré ; elle n'est pas consommable en elle-même et par elle-même, comme le sont des denrées ou des objets de première nécessité, qu'elle sert à acquérir ; mais elle a sa valeur propre, attestée par le fait qu'elle peut se vendre à un prix égal à son cours monétaire. Bien plus, il est aujourd'hui certains marchés sur lesquels elle se vend plus cher que ce cours. A Londres l'once d'or fin, qui se transforme en monnaie à raison de 85 shillings, est cotée en ce moment à 110 shillings, ce qui revient à dire que les billets au moyen desquels on paie les lingots de métal jaune perdent près de 30 pour 100 par rapport à ce métal.

Considérons maintenant la monnaie de papier, qu'elle émane directement de l'Etat ou d'une banque, autorisée par celui-ci à émettre des billets. Ces derniers n'ont pas été autre chose, à l'origine, qu'une promesse signée par l'émetteur de les rembourser à vue en espèces : c'est encore la mention qui est inscrite aujourd'hui sur les 40 milliards de francs de billets de la Banque de France qui sont en circulation, « payables en espèces à vue au porteur. » Aussi longtemps que cette promesse est remplie, il n'y a pas de différence théorique et il ne s'établit pas en fait d'écart entre l'or et le papier, celui-ci étant échangeable à tout moment, à la volonté du porteur, contre le métal conservé dans les caves de la Banque émettrice. Il n'y a donc pas de raison pour que, dans une communauté où les transactions sont réglées de cette façon, une modification des prix se produise du chef de la substitution du papier au métal, puisque le premier reste échangeable à tout moment contre le second. Mais, dès l'instant où cette faculté est supprimée, le problème change d'aspect ; une différence s'établit entre le billet et l'or qu'il représente, mais qu'il ne peut plus procurer à son porteur. Toute la question de la circulation fiduciaire surgit à ce moment-là. La monnaie de papier continue à porter le même nom que la monnaie d'or. Un billet de 100 francs est censé valoir autant que cinq pièces de 20 francs. Mais pendant combien de temps cette identité va-t-elle subsister ? Si la crise qui a déterminé l'Etat à suspendre la convertibilité est passagère, il est possible que les porteurs de billets, confiants dans un prochain retour à l'état normal, ne fassent pas de différence, ou n'en fassent qu'une très faible, entre le franc-or et le franc-papier. De multiples considérations entrent en ligne de compte pour cette évaluation : on rapproche la quantité de billets en circulation du chiffre de l'encaisse qui les garantit ; on mesure la grandeur de l'effort qui est imposé à l'Etat et pour lequel il demande une aide temporaire à l'organe chargé de l'émission, que ce soit une banque ou le Trésor lui-même. Après la guerre de 1870, bien que le cours forcé, c'est-à-dire l'obligation pour les créanciers de recevoir en paiement les billets sans pouvoir les échanger contre du métal, fût établi, le billet de la Banque de France ne subit que passagèrement une perte insignifiante. Dès 1872, il était au pair du métal, bien que la reprise officielle des paiements en espèces ne dût avoir lieu qu'en 1878. Mais, si les circonstances sont différentes, si la circulation a été augmentée d'une façon excessive, si le budget est en déficit, si l'encaisse est faible proportionnellement au volume des billets, un écart s'établit entre la monnaie de papier et la monnaie de métal, bien que toutes deux portent le même nom. A partir de ce moment, l'identité d'appellation ne correspond plus à la réalité des faits ; on en arrive, comme cela commence à se produire chez nous, à parler de francs-or et de francs-papier.

Cette différence de valeur ne se manifeste pas toujours clairement à l'intérieur des frontières, tout d'abord parce que la multiplication du papier a fait rapidement disparaître les espèces métalliques, conformément au vieil adage « la mauvaise monnaie chasse la bonne, » que par conséquent le point de comparaison fait défaut, et ensuite parce que, dans bien des cas, le législateur intervient pour essayer de prohiber toute différence officielle : il oblige les nationaux à recevoir en paiement de leurs créances les billets inconvertibles. Mais les pouvoirs de l'Etat souverain expirent aux limites du territoire. Dès que les bornes en sont franchies, les lois économiques, qui sont universelles, reprennent leur empire. La monnaie de papier se compare aux monnaies étrangères, en particulier à celles des pays où le cours forcé n'existe pas et où par conséquent l'unité monétaire est un poids déterminé de métal précieux. Dès lors, le billet subit une perte par rapport à ces monnaies étrangères qui ont conservé leur pleine valeur. Cette perte mesure l'écart entre le papier inconvertible et la monnaie métallique indigène, puisque celle-ci est au pair des monnaies étrangères ayant conservé leur pleine valeur métallique.

Prenons un exemple qui fera comprendre la situation. En France, nous sommes au régime du cours forcé. Aux États-Unis, le dollar n'a pas cessé d'être de l'or ; tous les billets qui y circulent sont remboursables en métal jaune. Lorsqu'il en était de même chez nous, un dollar s'échangeait contre 5 francs 18 centimes, parce que chaque dollar contient autant d'or fin qu'il s'en trouve dans 5 francs 18 centimes de pièces d'or françaises. Mais, depuis que le franc est constitué par un billet de banque, le prix du dollar exprimé en notre monnaie a dépassé le pair mathématique : il s'est élevé un moment jusqu'à 17 francs ; il est en ce moment aux environs de 14 francs. Selon que notre politique fiduciaire tendra à restreindre ou à augmenter le volume de la circulation, nous verrons le cours du dollar baisser ou remonter à Paris. C'est ainsi qu'à l'heure actuelle la valeur d'un dollar américain exprimée en francs-or est 5 francs 18 centimes comme avant la guerre, tandis qu'en francs-papier elle est près de trois fois supérieure ; elle oscille sans relâche, sous l'empire de circonstances diverses. Elle démontre l'instabilité de notre étalon et la menace, constamment suspendue sur notre tête, d'une détérioration de cet étalon.

III. — LES EFFETS DE L'INFLATION

L'exposé que nous venons de faire des vérités monétaires élémentaires nous permet de répondre très simplement à la question suivante : « Quelle est la nature de l'opération à laquelle se livre un gouvernement qui crée ou fait créer de la monnaie de papier ? Cette création engendre-t-elle de la richesse ? » Il est évident qu'elle se résout par la négative. La richesse consiste en biens consommables directement ou en valeurs échangeables contre ces biens. Parmi ces dernières, figure la monnaie. Si elle est métallique, c'est-à-dire si elle porte en elle-même sa valeur, elle est comparable aux autres biens, puisqu'elle permet de les acquérir en tout lieu. Mais si elle est de papier, il n'en est plus de même. Elle n'a sa pleine valeur, qu'autant qu'elle est remboursable à vue en métal. Dès qu'elle cesse de l'être, elle perd une fraction plus ou moins considérable de son pouvoir d'achat. Une expérience cent fois répétée et le raisonnement sont d'accord pour nous apprendre que, plus on multiplie la monnaie de papier inconvertible ut plus elle perd de sa valeur. Il n'est pas de meilleure démonstration à cet égard que la comparaison des prix d'un même objet dans deux pays dont l'un a conservé l'étalon d'or avec paiements en espèces et dont l'autre est au régime du papier-monnaie. L'expression monétaire de l'objet peut être restée la même dans le premier, et avoir vingtuplé dans le second. Qui pourrait cependant soutenir qu'une livre de coton ou de cuivre représente une autre valeur à New-York qu'à Berlin, parce qu'elle coûte là-bas autant de dollars et ici vingt fois plus de marks qu'en 1913 ?

Les 80 milliards de billets que la Reichsbank a lancés sur le marché depuis 1914 n'ont donc pas enrichi les Allemands, puisque ceux-ci ont vu le coût de la vie croître parallèlement à ce gonflement de la circulation fiduciaire. Loin de s'améliorer de ce chef, leur situation a empiré : ils souffrent du mal grave de l'instabilité des prix, de l'incertitude constante de la valeur, des difficultés incessantes des rapports avec l'étranger. La hausse du change, c'est-à-dire des monnaies avec lesquelles l'Allemand est payé des marchandises qu'il expédie au dehors, est un avantage pour lui, la baisse de ces mêmes monnaies diminue ou fait disparaître le bénéfice qu'il avait escompté. D'autre part, la hausse indéfinie du change correspond à un abaissement indéfini de la valeur de la monnaie indigène, qui, dès lors, tend vers zéro. Que restera-t-il entre les mains des porteurs de billets de la Reichsbank, le jour où les prix de toute chose auront été multipliés par des coefficients en progression ininterrompue ?

Cela est tellement vrai que, déjà aujourd'hui, les Allemands établissent une distinction entre la valeur des biens mesurés par leur expression numérique en marks-papier et ce qu'ils appellent la valeur effective, *sach werth*. Ils désignent cette dernière par un certain poids d'or, qui doit servir de base à la fixation, dans la législation fiscale, de l'impôt à payer : c'est le système qu'on propose d'appliquer aux propriétaires d'immeubles, tant il est vrai qu'il est impossible de rien asseoir de solide sur la base mouvante d'une monnaie fiduciaire dont le volume est arbitrairement accru.

IV. — LA SITUATION DE L'ALLEMAGNE

Nous avons rappelé les exemples classiques des billets de la Banque royale de Law avec lesquels s'étaient échafaudées les folles spéculations de la rue Quincampoix, des assignats de la première République qui bouleversèrent la vie économique de la France pendant plusieurs années. Les uns comme les autres tombèrent à rien et ruinèrent leurs porteurs. Aujourd'hui, nous voyons la Russie inondée de roubles papier, qui n'ont pas cessé de se déprécier, à mesure qu'on en augmentait le nombre, et qui n'ont déjà plus guère que la valeur du papier sur lequel] ils sont imprimés. L'Allemagne, si elle ne s'arrête pas dans la voie où elle est entrée depuis l'armistice, s'achemine vers une situation analogue.

Les observateurs superficiels n'ont voulu voir dans la création de nouveaux milliards de billets provoquée par les emprunts du Gouvernement allemand à la *Reichsbank* qu'une manœuvre habile des grands industriels d'outre-Rhih : par ce moyen, disait-on, les exportations sont stimulées, puisque la même somme de monnaie étrangère, reçue pour une même quantité de marchandises expédiée au dehors, s'échange contre un montant de plus en plus considérable de monnaie indigène, Cela est vrai pour une courte période. Mais, à mesure que le mark se déprécie vis-à-vis du dollar, de la livre sterling, du franc, il se déprécie vis-à-vis de toute espèce de marchandise ; en d'autres termes, le coût de la vie s'élève, et un nombre croissant de marks devient nécessaire pour payer les achats, même à l'intérieur des frontières. Il est inutile d'ajouter que, le renchérissement des objets achetés au dehors étant instantané, à la minute même où le mark baissait, il en fallait un plus grand nombre pour acquérir tout ce qui s'importait.

Aussi voyons-nous l'index des prix, c'est-à-dire la moyenne du coût des choses nécessaires à la vie, suivre en Allemagne une marche opposée à celle qui s'observe depuis quelque temps aux États-Unis, en Angleterre et même en France. Alors que, dans ces trois pays, nous assistons à la baisse d'un certain nombre de denrées, nous les voyons monter rapidement de l'autre côté du Rhin. Déjà, au mois d'août 1921, l'index était de 156, alors qu'il était de 9,23 en 1913 ; c'est-à-dire que le prix moyen était dix-sept fois supérieur à ce qu'il était il y a huit ans.

Le mal atteint les budgets particuliers comme ceux de l'Etat et des communes. Les fonctionnaires de tout ordre et de tout rang réclament impérieusement des augmentations de traitements. Leurs dernières demandes, formulées au mois d'août 1921, impliquent un surcroît de dépense annuelle de 10 milliards de marks. Pour y subvenir, le Gouvernement dresse un programme d'impôts qui soulève de nombreuses plaintes ; il décrète des relèvements de tarifs dans le service des postes, télégraphes et téléphones et dans celui des chemins de fer. Ces relèvements, à leur tour, aggravent la cherté de la vie et ouvrent la voie à de nouvelles exigences des salariés, fonctionnaires et ouvriers. C'est une course éperdue vers la multiplication des signes monétaires, qui non seulement n'apportent aucune aide réelle à ceux qui les reçoivent, mais jettent un désordre de plus en plus profond dans la vie économique du pays.

Si cette création déréglée de billets était cependant un remède aux maux financiers, un moyen sérieux de soulager les souffrances du peuple, celui-ci devrait éprouver un mieux-être par rapport à la période antérieure et cesser de se plaindre. Il n'en est rien. La hausse universelle des prix cause un malaise grandissant. Jusque sur un domaine où il semble qu'elle soit généralement la bienvenue, celui de la Bourse, elle sème l'inquiétude et suscite des récriminations. Les actions de tout genre ont monté depuis quelques mois à Berlin, à Francfort et sur les autres places germaniques dans une proportion invraisemblable. On ne trouve plus d'offres suffisantes pour satisfaire les demandes. On a dû fermer quatre jours par semaine les Bourses, pour une raison inverse de celle qui les avait fait clore en août 1914. On manquait alors d'acheteurs : aujourd'hui, ce sont les vendeurs qui font défaut. Les détenteurs.de billets agissent comme le faisaient les porteurs d'assignats de la Révolution française : ils cherchent à transformer leur papier, dans lequel ils n'ont plus confiance, en marchandises qui conservent la valeur, l'incarnent, tandis qu'elle fond entre les mains de celui qui possède les billets. Parmi les richesses qui s'offrent ainsi aux acheteurs, se placent au premier rang les titres mobiliers, qui ont, en outre, l'avantage de procurer un revenu à leur propriétaire. Sous l'influence de ces demandes, on voit se produire une hausse désordonnée, que les Allemands eux-mêmes qualifient de « catastrophique. » Elle ne correspond pas à l'amélioration de la situation des entreprises, qui est réelle dans beaucoup, de cas, mais qui ne justifie pas une capitalisation des dividendes à 2 pour 100, à laquelle correspondent beaucoup des cours côtés en ce moment.

Telle est la situation allemande, de laquelle les partisans de l'inflation auraient tort de vouloir tirer argument en faveur de leur thèse. Si l'exportation de nos voisins a repris son essor, c'est parce qu'ils se sont remis à la besogne avec énergie, que l'augmentation des salaires a été relativement moins forte chez eux qu'ailleurs, que les heures de travail n'ont pas été limitées comme chez nous, qu'avec leur outillage, resté intact, ils ont recommencé à produire dès le lendemain de l'armistice. Une série d'éléments favorables leur a permis de lutter avec succès sur les marchés mondiaux et d'y envoyer, au cours de l'année 1920, 20 millions de tonnes de marchandises valant 69 milliards de marks, tout en important, pendant la même période, 19 millions de tonnes de matières premières, d'objets d'alimentation et de produits fabriqués, évalués à 97 millions de marks. Le déficit de la balance commerciale a donc été de 28 milliards de marks, soit environ 4 milliards de francs au cours actuel du change. Il est impossible de prévoir ce que sera le commerce extérieur de l'Allemagne au cours des prochaines années : mais il est certain que les fluctuations incessantes du change, chaque jour plus violentes, gêneront de plus en plus les opérations des industriels et des commerçants.

On accuse d'ailleurs ceux-ci de laisser en dépôt à l'étranger la majeure partie des sommes dont ils sont devenus créditeurs par suite de leurs exportations et de contribuer ainsi à la dépréciation du mark, qui s'atténuerait beaucoup s'ils rapatriaient en Allemagne les capitaux dont ils disposent en dehors des frontières. Cela est si vrai qu'ils soumettent en ce moment même au Gouvernement un plan qui consiste à lui faire contracter un emprunt extérieur, dont les grands industriels se porteraient garants ; cela leur serait facile grâce aux réserves qu'ils ont accumulées à l'étranger.

V. — LES REMÈDES AU DÉFICIT BUDGÉTAIRE. HEUREUX EFFETS A ATTENDRE DE LA HAUSSE DU FRANC

Nous nous sommes arrêtés à l'examen de la situation de l'Allemagne parce qu'il est de mode en ce moment de vanter, en l'exagérant, la prospérité de ce pays et de l'attribuer à l'inflation fiduciaire dont il est le théâtre. Il serait étrange que le papier monnaie, dont les effets désastreux ont été vérifiés en mainte circonstance, à toutes les époques et chez toutes les nations qui en ont abusé, eût produit un pareil bienfait chez nos ennemis : la multiplication du mark n'a pas été, comme aux noces de Cana, celle du pain et du vin.

« Mais alors, nous disent les partisans de l'inflation, quel est votre programme ? » Nous leur répondrons que tout est préférable à une solution qui mène infailliblement au désastre. Les remèdes à la situation actuelle sont multiples ; ils n'ont pas ce caractère absolu que les empiriques aiment à donner à leurs formules ; ils exigent, pour être administrés, une grande énergie et une longue persévérance : mais ils ne peuvent manquer d'exercer l'influence bienfaisante qu'on est en droit d'attendre de leur application.

Il en est un qui domine le problème et qu'on ne saurait se lasser de préconiser du haut en bas de l'échelle : c'est l'économie ; économie dans les services publics, économie chez les particuliers. Quelque formidables que soient nos charges, quelque invraisemblable que soit le fardeau de notre dette, la confiance renaîtra le jour où les premières ne s'accroîtront plus et où nous cesserons d'emprunter. Il faut que notre budget se balance, non pas seulement sur le papier, mais dans la réalité. Il faut que, une fois le compte prévisionnel de l'année arrêté, aucun crédit supplémentaire ne puisse être ajouté à ceux que le Parlement aura votés. Ce n'est qu'à ce moment-là que nous aurons le sentiment que les efforts faits pour régler le passé ne seront pas vains, puisque l'équilibre de l'avenir sera assuré. Nous ne pourrons envisager l'amortissement des dettes de guerre qu'à partir de l'heure où nous serons certains que de nouveaux emprunts ne seront pas contractés.

Le problème est redoutable : car les chiffres en présence desquels nous nous trouvons dépassent ce que notre compréhension admettait avant 1914. Nous n'en devons pas moins aborder la tâche avec courage, persuadés que ce que nous voudrons, nous le pourrons.

Avant d'examiner le budget lui-même, réfutons une objection qui a été souvent faite et qui émane de ceux qui, sans réclamer une circulation supérieure à celle qui existe aujourd'hui, en désirent le maintien au chiffre actuel, afin d'éviter, disent-ils, une amélioration de la valeur du franc, qui résulterait d'une diminution de la quantité de billets. Or la majeure partie de ceux-ci a été créée pour faire des avances au Trésor : l'Etat, aux termes des engagements qu'il a pris, est tenu de rembourser cette dette ; l'exécution de la convention conclue avec la Banque de France a toujours été considérée comme l'un des actes essentiels de notre régénération financière.

Il est probable que la contraction de la circulation aura pour conséquence une amélioration du cours des changes, c'est-à-dire une hausse du franc par rapport aux monnaies étrangères demeurées plus ou moins saines, telles que le dollar, la livre sterling, la couronne Scandinave, le florin hollandais ; mais cette hausse n'aura sans doute pas l'allure rapide qui ramènerait le franc au pair en quelques années. Les 29 milliards de billets qui représentent les avances directes à l'Etat pour 25 milliards, et, pour 4 milliards, l'escompte fait par la Banque, sous la signature du Trésor français, d'obligations émanées de certains Trésors étrangers, ne disparaîtront que lentement : leur retrait ne sera achevé, si les accords conclus se réalisent, qu'au bout de quinze ans. Nous n'avons donc pas à envisager un retour brusque des changes au pair.

Il est bien vrai que notre commerce extérieur, qui, pendant la guerre et les deux ans qui ont suivi l'armistice, se soldait par un excédent formidable d'importations, est aujourd'hui retourné. Depuis plusieurs mois, nos exportations dépassent nos importations : mais ce solde créditeur est dû au fait que nous avons réduit considérablement nos achats au dehors, non seulement de denrées alimentaires et d'objets fabriqués, mais aussi de matières premières nécessaires à l'industrie. Cette dernière restriction n'est pas un signe favorable. Dès que le réveil de l'activité industrielle, dont les heureux symptômes commencent à se remarquer, s'accentuera, nos importations devront s'augmenter. Ce n'est qu'ensuite que nos exportations d'objets fabriqués s'amélioreront à leur tour, surtout si les relèvements de tarifs douaniers qui sévissent à l'heure présente de tous les côtés s'arrêtent et font place à des traités de commerce raisonnables, donnant à chaque nation le moyen de commercer avec les autres, sans les enfermer derrière des murailles, infranchissables à leurs propres produits aussi bien qu'à ceux de l'étranger.

En tout état de cause, le franc ne saurait reprendre, avant plusieurs années, la situation qu'il occupait, en 1914, sur le marché international, alors qu'il était au pair des meilleures monnaies et faisait prime sur un grand nombre d'entre elles. Nous envisageons d'ailleurs cette ascension sans inquiétude, contrairement à ceux qui la redoutent. « Voyez, nous disent-ils, quelle serait la situation du Trésor français le jour où le franc qui, mesuré en dollar, vaut aujourd'hui 40 centimes, serait revenu au pair. De quel poids les 25 milliards du budget ne pèseront-ils pas sur lui ! En particulier, les arrérages de la dette publique qui, pour la majeure partie, sont, pendant une assez longue période, incompressibles, représenteront une charge d'autant plus lourde que la valeur du franc se sera plus relevée. »

Nous ferons tout d'abord observer qu'en ce qui concerne notre dette extérieure, qui se compose de 6 milliards de francs d'engagements commerciaux, c'est-à-dire d'emprunts contractés par l'intermédiaire de banques, de 14 milliards prêtés par la Grande-Bretagne, de 15 milliards avancés par les États-Unis, le raisonnement à faire est l'inverse. Plus notre change s'améliore et plus le fardeau du remboursement s'allège pour nous. Les chiffres que nous venons de donner sont en effet ceux des monnaies étrangères calculées au pair. S'il nous fallait les rembourser au change actuel, il faudrait multiplier par 2 ou par 3.

Quant à notre dette intérieure, elle se compose de 138 milliards de dette perpétuelle ou amortissable, de 90 milliards de dette flottante. Cette dernière devra être peu à peu consolidée et transformée en rente perpétuelle. Les emprunts émis pendant la guerre ne sont pas remboursables avant un délai plus ou moins long. Mais, dès que cette date sera arrivée, ils pourront être convertis, au moins en ce qui concerne les rentes 6 pour 100 et 5 pour 100, et ces conversions réaliseront dans le budget des économies considérables. C'est un point de vue qu'on a beaucoup trop négligé dans les études d'ensemble de nos finances et qui est de la plus haute importance. N'oublions pas que, à la fin du XIXe siècle, nous avions allégé, en moins de vingt ans, des deux cinquièmes le montant du service de notre dette, dont le taux descendit alors de 5 à 3 pour 100. Ces opérations seront d'autant plus aisées que le crédit du pays se sera fortifié davantage. Or, rien ne contribuera plus à cette amélioration que la hausse du franc. Dès qu'on le verra s'orienter dans le sens du retour à son ancienne valeur, les étrangers investiront des capitaux dans nos fonds nationaux, non seulement pour toucher les revenus élevés qu'ils donnent encore, mais pour profiter de la plus-value du capital, qui grossira en proportion de l'amélioration du change français.

En analysant les divers éléments de notre dette, on se rend compte que le fardeau n'en serait pas aggravé par la reprise du franc, tandis que celle-ci aurait la plus heureuse influence sur le reste de notre budget. Une grande partie des dépenses des ministères consiste dans le paiement des traitements des fonctionnaires et employés de tous grades. D'après une étude récente, le nombre n'en est pas inférieur à 733 000, et leur rémunération atteint 5 milliards de francs, c'est-à-dire une moyenne de 7 000 francs par tête, alors qu'au 1er juillet 1914 ils étaient 543 000 et coûtaient 1 154 millions, c'est-à-dire 2 000 francs par tête. L'effectif a augmenté de 40 pour 100, et les traitements de 350 pour 100. Cette dernière augmentation est presque exclusivement due à ce qu'on appelle la cherté de la vie, laquelle est en grande partie un résultat de la baisse du franc. Une hausse de celui-ci permettrait donc des réductions notables des traitements, dont la péréquation a été prévue au cours des prochaines années.

L'Etat n'entretient pas seulement une nombreuse armée de fonctionnaires. Il achète beaucoup de choses, notamment pour les services publics qu'il exploite, pour l'armée et la marine qu'il entretient. La hausse du franc lui permettra d'acquérir tout cela à meilleur marché et de réduire de ce chef les crédits de nombreux départements ministériels. Il a le plus grand intérêt, direct et indirect, moral et matériel, à ce que la monnaie nationale reconquière graduellement sa pleine valeur.

Tournons maintenant nos regards vers les citoyens dont la masse constitue la nation et cherchons à analyser la façon dont la hausse du franc les touchera. Il est évident qu'elle sera la bienvenue auprès de ceux qui vivent d'un revenu fixe, des rentiers, des pensionnés, des porteurs de fonds publics et d'obligations de diverse nature. Cette catégorie, si nombreuse dans notre pays et si intéressante, vit du fruit de l'épargne longuement et patiemment accumulée, sous forme de travail fourni à l'Etat ou de gains laborieusement acquis et mis de côté a force de sagesse et d'énergie. On sait quelles ont été les souffrances de ces Français, à mesure que le prix de la vie s'élevait et que, pour une même somme, ils obtenaient de moins en moins de choses. L'État, en présence de situations aussi pénibles, a dû consentir un relèvement du taux des pensions. La hausse du franc améliorera considérablement les conditions d'existence de tout ce monde et fera d'eux de bien meilleurs payeurs d'impôt. Ce qu'il n'est pas possible d'exiger à l'heure actuelle de contribuables qui ne joignent pas les deux bouts, pourra aisément leur être demandé quand leur revenu représentera une valeur grandissante par rapport à leurs dépenses.

Mais les ouvriers, nous dit-on, ne sont pas intéressés à la reprise de la valeur de la monnaie : chaque fois qu'elle baisse, les salaires montent.

En admettant l'exactitude de cette assertion, nous ferons observer que l'élévation des salaires ne s'obtient pas toujours aussi rapidement que se produit le renchérissement de la vie, et qu'elle est souvent loin de l'égaler. Des études minutieuses faites par les statisticiens américains sur la période de la guerre de Sécession (1861-1864) pendant laquelle le dollar-papier remplaça le dollar-or et perdit vis-à-vis de lui une grande partie de sa valeur, ont démontré que la hausse des salaires n'avait pas compensé la dépréciation du papier-monnaie. Comme tous les citoyens, les ouvriers ont intérêt à être payés en une monnaie stable, dont la valeur soit fixe, et à ne pas vivre dans l'incertitude angoissante d'un lendemain, dont personne ne peut prédire de quoi il sera fait. De quelque côté et à quelque point de vue que nous envisagions le problème, nous ne trouvons que des raisons de nous opposer à l'inflation.

VI. — RESTRICTION DES ATTRIBUTIONS DE L'ÉTAT

L'horizon étant déblayé des nuages qu'y amoncellent les sophismes des partisans de la mauvaise monnaie, nous avancerons plus hardiment dans la voie des réformes. Le maintien, puis le relèvement de la valeur du franc nous permettront de diminuer le coût des services publics et de réduire le fardeau annuel des intérêts de la dette, en attendant que commence l'amortissement du capital de cette même dette, qui sera l'œuvre de la prochaine génération.

Mais il y a un autre pas à faire, plus efficace encore et plus fécond en résultats, c'est la restriction des attributions de l'Etat. En le confinant dans ce qui doit être son rôle, nous réaliserons dans le budget des économies d'une portée plus grande que celles dont nous venons de tracer le programme. Cet effort est d'autant plus nécessaire que la guerre a développé outre mesure l'intervention gouvernementale sur une foule de terrains où les nécessités de la défense nationale ont paru justifier une mainmise qu'il serait désastreux de perpétuer en temps de paix.

L'État a toujours été dépensier ; mais la guerre a développé cette tendance dans une proportion invraisemblable. Lorsqu'il s'agissait de la lutte pour l'existence, du salut suprême du peuple, il semblait naturel qu'on ne s'arrêtât point aux questions d'argent, bien que souvent il eût été possible d'atteindre les mêmes résultats à frais beaucoup moindres. Mais on ne croyait pas avoir le temps et on n'avait pas le désir de discuter aucun chiffre. Jusqu'au jour de l'armistice, cette politique pouvait se défendre. C'est le chemin inverse qu'il faut suivre maintenant et dans lequel on aurait dû s'engager à la minute où cessèrent les hostilités. Cela n'a pas été le cas : des secousses comme celles de la grande guerre, qui ont ébranlé les fondements de l'Ancien et du Nouveau Monde, se font sentir pendant longtemps. L'esprit de gaspillage survit, et rien n'est plus difficile que de l'extirper. Il est cependant indispensable d'y arriver, et pour cela il faut agir simultanément dans deux directions : réduire le coût des services publics que l'on conserve, et en supprimer le plus grand nombre possible. L'État est un médiocre industriel, un mauvais commerçant. Rendons aux particuliers tout ce qui, avant 1914, était leur domaine. Allons plus loin : recherchons, parmi les exploitations et les monopoles d'Etat, ceux qui pourraient lui être enlevés pour être rendus à la libre activité des citoyens. Dans bien des cas, la substitution de l'impôt à la gestion par l'État serait de nature à la fois à augmenter les recettes du Trésor et à diminuer ses dépenses. Le coefficient d'exploitation des chemins de fer de l'État est très supérieur à celui des Compagnies privées. La constitution d'une Société, à laquelle on projette de confier la gestion du réseau actuel de l'État et de l'Ouest-État, sera un pas très intéressant dans cette voie. Il conviendrait d'achever ce programme en affermant à la Compagnie de l'Est l'exploitation du réseau d'Alsace-Lorraine. Nous verrions à cette cession des avantages non seulement financiers, mais politiques. Une Compagnie particulière aura plus vite fait d'assimiler les éléments locaux qu'une administration d'État.

La régie des tabacs a donné, pour l'année dernière, un produit net de 870 millions de francs. En Angleterre, le droit d'entrée et la taxe intérieure sur cette denrée, dont le commerce y est libre, ont fourni à l'Échiquier pour le dernier exercice (1er avril 1920 au 31 mars 1921) 60 millions de livres sterling, c'est-à-dire, en calculant le change au pair, 1 500 millions, au change actuel, 3 milliards de francs. Qui ne voit qu'un remaniement de notre système serait de nature à augmenter considérablement les recettes, et cela de la façon la plus heureuse, puisque nous pourrions supprimer bon nombre de fonctionnaires et demander à l'impôt un revenu plus élevé que le chiffre actuel. La seule difficulté à résoudre résulte du fait que la France est un pays producteur de tabac ; il se cultive dans dix-huit départements. Il serait nécessaire de continuer le système actuel de surveillance des planteurs et au besoin de les encourager ; l'État, au lieu d'être l'acheteur unique, percevrait l'impôt sur les feuilles à la sortie de la ferme et laisserait les cultivateurs les vendre ensuite à leur gré au commerce.

On objectera aussi que l'octroi de bureaux de tabac constitue un moyen de rémunérer des services rendus à l'Etat. Il est aisé de répondre qu'il n'en coûtera pas davantage au Trésor d'accorder des pensions, quand elles sont dues, que d'abandonner, comme il le fait aujourd'hui, une partie du bénéfice de la vente.

Nous pourrions également faire disparaître le monopole des allumettes. Il y a quelque vingt ans, l'État a racheté, à grands frais, des fabriques qui appartenaient à des particuliers ou à des Sociétés privées. Il devrait aujourd'hui suivre une marche inverse et rendre la liberté à cette industrie, en frappant les produits intérieurs d'un droit d'accise et les produits importés d'un droit de douane. Il ne serait pas difficile de faire rapporter ainsi aux allumettes plus que les sommes qu'elles fournissent actuellement au budget.

Si nous demandons la « désétatisation, » — qu'on nous pardonne le barbarisme, — de grands services exploités ou monopolisés par l'État avant la guerre, il va de soi que nous posons en principe que tous ceux qui lui avaient été attribués au cours des hostilités devront immédiatement faire retour à l'industrie privée. Ravitaillement en blé, charbon, sucre ; approvisionnement de produits chimiques agricoles ; compte des alcools, des pétroles, des constructions maritimes, flotte d'État, que toutes ces administrations qui ont englouti des milliards passent au plus tôt dans le domaine de l'histoire ! Le souvenir devra en être gardé et les comptes mis en lumière, afin de servir d'avertissement aux générations futures.

Aux leçons tirées de notre propre expérience nous pourrions ajouter celles d'autrui. La Grande-Bretagne et les États-Unis, ces deux pays par excellence de l'initiative privée et du minimum d'étatisme, ont sacrifié, eux aussi, aux nécessités de la guerre. Ils ont tous deux mis entre les mains du Gouvernement la direction des chemins de fer. L'Amérique a voulu construire et gérer une flotte de commerce. Les résultats économiques ont été également désastreux : à elle seule, cette dernière expérience coûte 4 milliards de dollars aux États-Unis. Lorsqu'ils ont rendu les réseaux ferrés aux Compagnies particulières qui les exploitaient, la Trésorerie de Washington avait dépensé plusieurs milliards à payer aux actionnaires et obligataires les revenus promis, que les produits de l'exploitation d'État avaient été loin de fournir. De même en Angleterre. Il est instructif de consulter le Livre bleu publié à Londres sous le titre de « comptes commerciaux et bilans, relatifs aux services entrepris pendant la guerre en rapport avec les approvisionnements de guerre et de vivres et les services normaux des départements gouvernementaux. » Les services ont tous été, à l'exception de celui des frets, la source de pertes considérables.

Voici la nomenclature des principales : 4 270 868 livres sterling sur le bois indigène, 2 000 365 sur les cuirs, 1 902 983 sur le pétrole, 1 172 000 sur le lin, 5 396, 000, sur les engrais minéraux, 104 810 517 sur les céréales, 5, 573, 477 sur le poisson norvégien, 7 389 455 sur le poisson, l'huile, les légumes, 4 462 596 sur les labourages par traceurs et autres services, du département de l'agriculture ; au total, 136 481 436 livres sterling, soit, au pair, 3 400 millions, et, au change actuel, près de 7 milliards de francs.

Il est vrai que, dans plusieurs cas, notamment en ce qui concerne le pain, c'est de propos délibéré que les Gouvernements l'ont vendu meilleur marché qu'il ne leur coûtait. Mais les pertes subies sur d'autres exploitations qui auraient, entre les mains, de particuliers, couvert leurs frais ou laissé des bénéfices, est un argument de plus, apporté au dossier écrasant que la guerre a fourni contre l'étatisme.

Nous ne nous bornons pas d'ailleurs à tirer de cette mémorable leçon de choses la conclusion qu'il faut achever de retirer au plus. tôt des mains de l'Etat les exploitations qui lui ont été confiées pendant la guerre. On peut aller plus loin dans cette voie et envisager le retour à l'industrie privée de certains services publics : un sous-secrétaire d'État aux postes ne dressait-il pas récemment le plan d'une organisation autonome qui aurait son budget, son capital de premier établissement, ses recettes et ses dépenses propres, et qui devrait, dès lors, comme une entreprise particulière, assurer sa marche sans avoir recours au Trésor public ? Nous ne prétendons pas qu'il faille, du jour au lendemain, retirer à l'Etat le service des postes, des télégraphes et des téléphones. Mais ne pourrait-on envisager un essai d'organisation, sur une base nouvelle, des téléphones par exemple ; on, s'inspirerait à cet effet de l'exemple des États-Unis, où ce service, organisé par fies Sociétés particulières, fonctionne avec une perfection qui peut nous faire envie. En tout cas, le programme général doit être de substituer, partout où cela peut se faire sans inconvénient, la gestion des individus ou des Compagnies à celle de l'Etat. Cantonnons celui-ci dans ses véritables attributions : défense nationale, affaires étrangères, justice, travaux publics qui dépassent les forces des corporations municipales ou départementales, instruction publique, sans prétendre lui en assurer le monopole complet. Voilà un champ assez vaste pour exercer l'activité des ministres et du Parlement.

Partout ailleurs, laissons la nation faire elle-même directement ses affaires et remplaçons les fonctionnaires par des hommes libres, responsables de leurs entreprises.

D'autres réformes doivent être envisagées. L'impôt complémentaire sur le revenu n'est pas encore assis comme il convient. Cela n'a rien d'étonnant. La Grande-Bretagne a mis un demi-siècle à organiser la perception de l'*income tax*. Nous serions d'avis d'étudier le rétablissement au profit de l'Etat des contributions directes qui existent encore pour les départements et les communes, quitte à modérer temporairement les taux de l'impôt sur le revenu, auquel le contribuable français a besoin d'être habitué. Il y a là matière à un remaniement qui augmenterait les ressources budgétaires et donnerait satisfaction aux plaintes nombreuses que provoquent les inégalités de l'assiette actuelle de nos taxes directes.

VII. — DÉVELOPPEMENT DU CRÉDIT

Le crédit du pays, n'avait pas encore été mis à une épreuve comparable à celle de la guerre, et c'est merveille de constater comment il y a résisté. Jamais la France n'avait eu à emprunter des sommes approchant de celles qu'il lui a fallu pour mener, puis pour liquider la grande guerre. Les chiffres d'avant 1914 ont été décuplés : notre dette, en chiffres ronds, aura passé de 30 à 250 ou 300 milliards. Le Trésor a trouvé des prêteurs dans le monde entier et à l'intérieur des frontières. Il s'agit de manier aujourd'hui cette masse formidable de créances, qui se présentent sous le quadruple aspect de sommes dues à certains Gouvernements étrangers, de titres de rente perpétuelle ou amortissable, entrés dans les portefeuilles ou circulant sur les marchés financiers, de Bons du Trésor à court terme possédés en France par les banques, les Sociétés industrielles et les particuliers, enfin d'avances consenties par la Banque de France.

De la première catégorie nous ne reparlerons pas. Nous avons exposé plus haut notre situation vis-à-vis de nos deux principaux créanciers, les États-Unis et la Grande-Bretagne. La question du règlement de leurs avances n'est pas seulement financière, elle est politique : laissons aux ministres le soin de la soulever et de la trancher au moment opportun par des tractations internationales.

Quant aux rentes, aux bons et aux avances de la Banque de France, il convient de les examiner au point de vue du capital représenté et de l'intérêt annuel dû par le Trésor. En ce qui concerne les dernières, des accords antérieurs en prévoient le remboursement échelonné de 1922 à 1935. L'intérêt payé par le Trésor est de 3 pour 100, et la majeure partie en est affectée à l'amortissement de l'avance. Les rentes comprennent celles d'avant-guerre, le 3 pour 100 perpétuel, le 3 pour 100 amortissable, dont le remboursement sera achevé en 1957, et les emprunts 4, 5 et 6 pour 100, émis au cours et au lendemain de la guerre. Parmi ces emprunts, il convient de mettre à part le 5 pour 100, amortissable à 150 pour 100, émis en janvier 1920 et qui n'est susceptible d'aucune transformation. Au contraire, le 4 pour 100, le 5 pour 100, le 6 pour 100 perpétuels pourront être l'objet de conversions, c'est-à-dire que l'Etat, à un moment donné, mettra les porteurs dans l'alternative d'accepter le remboursement au pair de leurs titres ou de subir une diminution d'intérêt. Lors de l'émission de ces divers emprunts, le Gouvernement s'est engagé à ne pas procéder à cette opération avant 1944 pour le 4, avant 1931 pour le 5 et le 6 pour 100. Ce n'est donc que dans dix ans que nous pouvons espérer commencer à réduire la charge annuelle que nous impose le service des intérêts de nos rentes. Mais cette économie sera considérable. Ce n'est pas à 6 pour 100 que s'établira en 1930 le crédit de la France, ni même à 5 pour 100. Ces deux rentes auront largement dépassé le pair, dont le 4 pour 100 lui-même se sera vraisemblablement rapproché.

C'est alors que commenceront à se dérouler les opérations de conversion qui ont été si fécondes pour nous et tant d'autres pays. A ne citer que l'Angleterre, elles lui ont permis, au cours du XIXe siècle, de ramener le taux de sa rente de 5 à 2 et demi pour 100.

Nous ne devrons pas attendre l'année 1931 pour régler la question des bons du Trésor, devenus populaires depuis la guerre sous le nom de bons de la Défense nationale, et qui dépassent aujourd'hui le chiffre de 63 milliards de francs. Ils rapportent 3,60 pour 100 à un mois, 4 pour 100 à 3 mois, 4 et demi à 6 mois, 5 pour 100 à un an, 6 pour 100 à deux ans d'échéance. Ceux des quatre premières catégories sont délivrés à guichets ouverts à ceux qui en font la demande. Les bons 6 pour 100 ont fait l'objet d'une émission spéciale au cours de l'été 1921 : il en a été placé une somme de 4 milliards de francs, qui n'a pas été augmentée depuis lors. Ces 63 milliards constituent une dette flottante excessive et doivent être consolidés. Ils rapportent un intérêt élevé. La Commission du budget de la Chambre a marqué son désir de le voir réduit en diminuant de 300 millions le montant du crédit correspondant, il ne dépend pas du ministre seul de réaliser cette économie. C'est bien lui qui fixe le taux de l'intérêt attribué aux Bons : mais, pour placer la quantité qu'il veut, il est obligé de suivre les indications du marché, c'est-à-dire de mesurer l'importance des demandes qui lui sont adressées et de fixer le taux en conséquence. Le véritable procédé à suivre est celui que pratique, à Londres, le Chancelier de l'Echiquier, celui de l'adjudication. Chaque semaine la Banque d'Angleterre offre, pour le compte du Gouvernement, aux enchères, la quantité de bons que le Trésor veut placer ; elle les attribue à ceux qui offrent le taux d'intérêt le plus bas : c'est ainsi que le 23 septembre 1921 il a été vendu 60 millions de livres sterling de Bons, au taux de 3,98 pour 100.

Quoi qu'il en soit, ces bons à court terme constituent un placement tellement avantageux pour les établissements de crédit, les Sociétés industrielles et les particuliers désireux de conserver de larges disponibilités, — les bons à échéance ne dépassant pas trois mois sont toujours réescomptables à la Banque de France, — qu'il faut prévoir l'abaissement des taux actuels. Mais il convient, au préalable, d'envisager la transformation d'une partie des Bons en une rente perpétuelle. Nous croyons qu'un fonds 6 pour 100 attirerait des souscriptions considérables et permettrait de rembourser la moitié des Bons en circulation. Peut-être y aurait-il lieu d'envisager la création d'un fonds à taux réduit, 4 ou 4 et demi, dont les porteurs seraient exemptés de l'impôt sur le revenu, ou encore un emprunt-loterie.

Afin d'assurer le succès des émissions futures, rétablissons la liberté du marché des rentes françaises. Actuellement, ce marché est encore au régime de guerre ; les agents de change cotent des cours conventionnels, auxquels il ne s'échange quotidiennement que des montants insignifiants. Les offres qui se produiraient le jour où on rendra la liberté aux transactions, pourront peser tout d'abord sur les cours et les faire descendre au-dessous du niveau actuel. Mais le phénomène sera passager. Beaucoup d'acheteurs, qui s'abstiennent aujourd'hui parce qu'ils ne se soucient pas d'acquérir une marchandise qu'ils ne pourraient pas revendre, n'hésiteront pas à apporter leurs capitaux, du moment où ils sauront qu'ils ne les immobilisent pas. Que de fois avons-nous entendu nos amis américains s'exprimer à cet égard de la façon la plus nette et nous manifester leur désir d'acheter nos fonds, à condition de le faire sur un marché libre !

Nous demandons donc le rétablissement de la liberté des échanges de nos rentes au comptant. Nous croyons qu'en même temps il serait bon de rouvrir le marché à terme pour les rentes 3 pour 100, qui ne forment qu'un capital relativement modéré, 20 milliards de francs nominaux pour le 3 pour 100 perpétuel, 3 milliards pour le 3 pour 100 amortissable, ensemble 23 milliards, qui, aux cours actuels, ne représentent qu'un capital effectif de 14 milliards. Ces deux fonds sont admirablement classés : la majeure partie en repose dans des portefeuilles d'où ils ne sortiront pas, ou d'où ils ne sortiraient que pour s'échanger contre d'autres rentes françaises à rendement plus élevé. Il serait intéressant de redonner, grâce à eux, un aliment à la spéculation. N'oublions pas qu'après 1871 ce fut elle qui souscrivit en partie les emprunts de la libération du territoire et qui, en peu d'années, porta les rentes 5 pour 100, émises à 82,50 et 84,50, au-delà de 120 francs. Elle fut alors féconde ; elle pourrait l'être de nouveau aujourd'hui, en s'exerçant sur des titres dont le revenu annuel dépasse le coût des capitaux que les acheteurs à terme emprunteraient pour maintenir leur position ; en termes techniques, le rendement des fonds serait supérieur au coût du report. C'est par cet ensemble de mesures que doit s'inaugurer l'assainissement de nos finances. Nous avons la conviction que nous équilibrerons notre budget ordinaire en pratiquant vigoureusement une politique d'économie et de restriction.

Nous laissons de côté pour aujourd'hui la question du budget des régions libérées, celle des dépenses recouvrables sur l'Allemagne. Trop de points sont en suspens, les arrangements conclus à Wiesbaden entre MM. Loucheur et Rathenau sont encore trop mal connus, pour qu'il soit possible de présenter un exposé exact de leurs répercussions. Nous devons espérer que l'ajustement se fera entre les besoins de nos populations martyres et les réparations à fournir, en argent ou en nature, par les auteurs du désastre. C'est un grave et difficile problème. Nous n'en devons travailler qu'avec plus d'énergie à mettre en ordre le reste de nos finances. C'est pour atteindre ce but que le Parlement devrait s'inspirer d'un certain nombre d'idées maîtresses, dont l'application nous conduira dans la voie où le pays trouvera son salut. Parmi elles il en est une que nous avons inscrite en tête de notre programme et sur laquelle nous insistons en terminant notre exposé : qu'à aucun prix, sous aucun prétexte, le Parlement ne se laisse séduire par la théorie inflationniste ! Le crédit de la France est à ce prix.

ISBN : 978-1983453465

www.ingramcontent.com/pod-product-compliance
Lightning Source LLC
Chambersburg PA
CBHW072034230526

45468CB00021B/1773

9781983453465